L'ANE ou L'IGNORANT

ABÉCÉDAIRE

CRITIQUE ET MORAL,

sur les défauts des petits enfants;

Contenant des Historiettes morales,
et une instruction à leur usage.

Le Boudeur.

A PARIS,

Chez BELIN-LE PRIEUR, *Libraire, Quai des*
Augustins, N.º 55,

et LE PRIEUR, *Libraire, Rue des Noyers, N.º 45*.
1812

a	b
c	d
e	f

g	h
ij	k
l	m

n	o
p	q
r	s

t	u
v	x
y	z

A B C D

E F G H

I J K L

M N O P

Q R S T

U V X Y Z.

A B C D

E F G H

I J K L

M N O P

Q R S T

U V X Y Z.

a   b   c   d

e   f   g   h

i   j   k   l

m   n   o   p

q   r   s   t

u   v   x   y   z.

a e i ou y o u

ba be bi bo bu

ca ce ci co cu

da de di do du

fa fe fi fo fu

ga ge gi go gu

ha he hi ho hu

ja je ji jo ju

ka ke ki ko ku

la le li lo lu

ma me mi mo mu

na ne ni no nu

pa pe pi po pu

qua que qui quo qu

ra re ri ro ru

sa se si so su

ta te ti to tu

va ve vi vo vu

xa xe xi xo xu

za ze zi zo zu

Lettres doubles et liées ensemble.

æ	œ	fi	ffi
fi	ffi	fl	ffl
ff	fb	fl	ff
ft	ft	w	&.
æ	œ	fi	ffi
fi	ffi	fl	ffl
ff	fb	fl	ff
ft	ft	w	&.

Œil.
Œuf.
Bœuf.

ALPHABET QUADRUPLE,

Ou lettres majuscules et minuscules, courantes,
italiques et manuscrites.

A a	B b	C c	D d	E e
𝒜 a	ℬ b	𝒞 c	𝒟 d	ℰ e
F f	G g	H h	I i	J j
ℱ f	𝒢 g	ℋ h	𝒥 i	𝒥 j
K k	L l	M m	N n	O o
𝒦 k	ℒ l l	ℳ m	𝒩 n	𝒪 o
P p	Q q	R r	S s	T t
𝒫 p	𝒬 q	ℛ r v	𝒮 s	𝒯 t
U u	V v	X x	Y y	Z z
𝒰 u	𝒱 v	𝒳 x	𝒴 y	𝒵 z

Mots les plus faciles à épeler.

Sons simples de deux syllabes.

Pa-pa.	Papa.
Bo-bo.	Bobo.
Co-co.	Coco.
Mi-di.	Midi.
A-mi.	Ami.
Ce-ci.	Ceci.
Ce-la.	Cela.
Ma-ri.	Mari.
Pa-ri.	Pari.

Se-ra.   Sera.

Vê-tu.   Vêtu.

Zé-ro.   Zéro.

Fe-ra.   Fera.

Ti-ra.   Tira.

Ri-ra.   Rira.

Sons simples de trois syllabes.

Pi-lo-tis.   Pilotis.

O-pé-ra.   Opéra.

Nu-mé-ro.   Numéro.

A-ni-mé.   Animé.

Bâ-ti-ra.   Bâtira.

Sons composés d'une seule syllabe.

On.

Bon.

Mon.

Ton.

Son.

Nos.

Vos.

Ses.

Mal.

Car.

Cor.

Par.

Dos.

Qui.

Que.

Lui.

Moi.

Toi.

Soi.

Tel.

Au.

Pot.

Pis.

Mer.

Ver.

Il.

Fit.

Un.

Pan.

Sur.

Mur.

En.

Vin.
Peu.
Feu.
Jeu.

Sons plus composés d'une syllabe.

Eau.	Peau.
Eaux.	Peaux.
Beaux.	Bien.
Lent.	Vent.
Pend.	Dans.
Dent.	Tant.
Mou.	Tout.
Loup.	Coup.

MOTS DE DEUX SYLLABES.

Sons composés.

Jou-jou.	Bre-bis.
Ma-man.	Cli-mat.
Fan-fan.	Four-neau.
Cou-sin.	Clai-ron.
Bal-lon.	Char-mant.
Cou-teau.	Char-mer.
Gâ-teau.	Par-ler.
Cro-quet.	Jou-er.
Gre-lot.	Li-vret.
Dra-gon.	Pa-pier.

Exemples de l'e muet.

Mon-de.
Fem-me.
Ter-re,
Lu-ne.
Vi-e.
En-vi-e,
Vu-e.
Bel-le.

Don-ne.

Fai-re.

Preu-ve.

Lettres accentuées.

é   (accent aigu.)

à è ù   (accent grave.)

â ê î ô û (accent circonflexe.)

ë ï ü   (tréma.)

Exemples de l'accent aigu.

É-té.

E-co-le.

E-lu.

E-cor-ce.

Cré-er.

Cré-é.

Cu-ré.

Cu-rée.

Ré-gent.

Ré-fé-ré.

Ai-mé.

Por-té.

Por-tée.

Exemples de l'accent grave.

Pè-re.

Mè-re.

Mi-sè-re.

Pro-grès.

Suc-cès.

Pro-cès.

Exemples de l'accent circonflexe.

Pâ-té.

Pâ-te.

Tê-te.

Mê-me.

Gî-te.

Vî-te.

Cô-te.

Vô-tre.

Dô-me.

Bû-che.

Flû-te.

Exemples du tréma.

Ha-ï.

Ha-ïr.

Na-ïf.

A-ï-eule.

Po-ë-te.

Bo-ë-te.

Co-ëf-fe.

E-sa-ü.

Sa-ül.

Comment on prononce l'y grec.

(Il tient la place de deux *i*.)

Voyage.

Moyen.

Citoyen.

Payen.

Pays.

Abbaye.

Paysan.

Yeux.

Yeuse.

Comment on prononce ch.

Chez.

Chat.

Chien.

Chu-cho-ter.

Chi-rur-gi-en.

Cas qu l'on prononce ch comme si c'étoit un k.

Or-ches-tre.

Cho-ris-te.

Chré-ti-en.

Chro-ni-que.

Chi-ro-man-cie.

Cha-os.

Du ç cédille.

Ma-çon.

Re-çu.

Gar-çon.

Fa-ça-de.

For-çat.

Fran-çois.

Su-ço-ter.

De l mouillée.

Mouil-ler.
Fil-le.
Fa-mil-le.
Quil-le.
Fail-lir.
A-beil-le.
O-reil-le.
Cueil-lir.
Re-cueil.
Ail.
Pail-le.
Pail-las-son.
Bil-lard.
Gail-lard.
Co-quil-le.

Du g mouillé.

Rè-gne.
Pei-gne.
Tei-gne.
Ro-gnon.

O-gnon.

Mon-ta-gne.

Cam-pa-gne.

Com-pa-gnie.

Prononciation de ph comme si c'étoit une f.

Phi-lo-so-phie.

Phy-si-que.

Phra-se.

Jo-seph.

Jo-sé-phi-ne.

h *ordinaire.*

L'homme.

L'hon-nê-te-té.

L'hon-neur.

L'heu-reux.

h *aspirée.*

Le hé-ros.

Le hé-raut.

Le har-di.

La hon-te.

Le hon-teux,

La Hol-lan-de.

Le hi-bou.

Lettres doubles, æ *et* œ.

Mu-sæ.

Ta-bu-læ.

Pa-tu-læ.

Vœu.

Nœud.

Cœur.

Œuf.

Bœuf.

Œil.

Œil-let.

w prononcé comme *ou*. (*Cette lettre double nous vient des Anglais et des Allemands.*)

Wisk (prononcez *Ouisk.*)

Wiski. (*Ouiski.*)

War-wick. (*Ouar-Ouick.*)

2

x *prononcé ordinairement.*

Ex-er-ci-ce.

He-xa-mè-tre.

Ex-cès.

Ex-cel-lent.

x *prononcé comme* ss.

Au-xer-re.

Six.

Dix.

x *prononcé fortement.*

Lu-xe.

A-xe.

A-le-xan-dre.

Xé-no-phon.

Pa-ra-do-xe.

oi *prononcé comme* ai.

J'ai-mois.

Il ai-moit.

J'a-vois.

Il é-toit.

ALPHABET MORAL.

SUR LES DÉFAUTS DES ENFANTS.

L'ANE.

Il y avoit dans un pensionnat, un petit garçon nommé Alexis, qui ne vouloit rien apprendre du tout. Son papa lui avoit acheté un beau livre rempli d'images, pour lui donner l'envie de savoir lire; mais Alexis demandoit à ses camarades ce qu'elles signifioient, puis les déchiroit pour les découper; et il n'étoit pas plus savant au bout de plusieurs mois, que le premier jour.

Le papa de ce petit garçon lui acheta deux ou trois livres de suite, sans se fâcher; il espéroit que son fils, en grandissant, deviendroit assez raisonnable pour étudier comme un joli enfant; il lui promit même de beaux joujoux, qu'il lui auroit donnés, s'il avoit voulu apprendre; mais Alexis étoit paresseux, désobéissant et entêté; il n'aimoit point son papa et sa maman, car il ne faisoit rien pour leur faire plaisir.

Le papa, las de voir son fils déchirer des livres qui lui coûtoient beaucoup d'argent, résolut de le punir d'une si bonne manière, qu'il s'en souvînt plus d'un jour. A la nouvelle année, au lieu de lui faire cadeau d'un joli fusil garni de toutes pièces, qu'il avoit acheté pour lui, s'il eût été bien sage, il lui donna une *tête d'Ane*, et il voulut que le maître de pension la lui mît chaque fois qu'il ne sauroit pas sa leçon : ce qui ne tarda pas d'arriver; car le paresseux petit bonhomme, oubliant la pénitence qui l'attendoit, joua au lieu d'étudier; et quand ce vint à son tour de lire, il ne put jamais dire un mot. Alors on lui mit la *tête d'Ane*, dans laquelle l a sienne entroit toute entière. Cette tête horrible avoit de longues oreilles ; elle ouvroit une bouche à faire peur... Lorsque les autres enfans virent cette mascarade, ils se mirent tous à rire jusqu'aux larmes ; ils se moquèrent de notre ignorant, en l'appelant *Ane*, et en contrefaisant l'âne qui brait. Alexis pleuroit, pleuroit, dame ! il falloit voir ! Oh ! pour le coup, le lendemain il lut à merveille. Dans la suite, il suffisoit de lui rappeler la *tête d'Ane*, pour le faire regarder dans son livre.

LE BOUDEUR.

Si j'avois un enfant *boudeur*, dit un jour une jeune dame à une de ses amies qu'elle étoit allée voir ; je ne pourrois jamais l'aimer..... Lorsque je gronde mon fils, il m'écoute avec soumission ; souvent même il verse des larmes, mais il ne témoigne jamais d'humeur ; au contraire, il saisit la première occasion de me rendre un petit service, pour que je lui parle ; quand il a obtenu cette faveur, il est si gai, si heureux, si caressant, que je me reproche le chagrin que je lui ai fait.

Si vous voulez, mon amie, je vais vous faire voir un petit garçon bien différent, répondit la maîtresse de la maison ; donnez-vous la peine de me suivre. Les deux dames étant arrivées à la porte du jardin, regardèrent par le grillage, pour ne pas être vues. La dame étrangère vit le fils de son amie, qu'on nommoit Alexandre, dans un coin, tournant le dos à une troupe d'enfans qui jouoient ; il avoit l'air sournois, l'œil sombre ; son menton touchoit à son estomac ; il faisoit une moue d'une aune, et tenoit son doigt dans sa bouche.

Vous voyez mon fils, ma chère, dit la maîtresse de la maison à son amie : il est là depuis une heure, pour un mot qui lui a déplu, et, selon toute apparence, il y restera long-temps. Cet enfant a un mauvais caractère; il est *boudeur* : il me cause bien du chagrin...

Lorsqu'elle achevoit ces mots, les enfans s'approchèrent d'Alexandre, pour l'emmener jouer : c'est assez bouder, lui dirent-ils, viens donc; ton humeur ne finira-t-elle point?.... Non, non, dit un d'entre eux, laissons-le; il se punit lui-même, il fait bien; nous sommes d'accord; un sournois comme lui détruiroit notre joie. Tous dirent alors : il a raison, il a raison. Ils se retirèrent en sautant, et en lui disant : Adieu *boudeur* ! adieu vilain *sournois* ! vilain *entêté* ! tu ne nous reverras pas de long-temps; fi ! que c'est laid de *bouder* !... et Alexandre resta seul tout le jour, sans être plaint de personne. Les deux dames rentrèrent bien affectées d'avoir vu à quel point ce petit garçon se rendoit malheureux par sa faute.

LE COLÈRE.

*Les enfants gâtés sont sujets à la colère,
parce que dans le premier âge, on leur
passe toutes leurs fantaisies; insensible-
ment ils ne peuvent plus souffrir que rien
leur résiste.*

EDOUARD, fils unique, adoré de ses parents, étoit élevé de cette manière. Sa
gouvernante avoit ordre de ne point le
faire pleurer; un domestique à lui, pré-
venoit ses moindres désirs, et les enfants
qu'on appeloit pour l'amuser, déjà flat-
teurs, cédoient à tous ses caprices. On
gâtoit donc Edouard de toutes les façons.

Cet enfant, à qui l'on cédoit toujours,
finit par exiger l'impossible..... Quand
on lui faisoit des représentations, il répondoit : *je le veux*, et jetoit les hauts
cris..... Tantôt Edouard vouloit qu'on fît

C

Le Colère.

D

Le Désobéissant.

E

L'Elève indocile.

venir dans le salon le cheval de son papa;
une autre fois il demandoit, pour jouer,
le serin de sa maman. On avoit beau lui
dire que le cheval ne pouvoit pas monter
l'escalier, et que le serin n'étoit pas un
joujou, Édouard ne vouloit rien entendre;
il poussoit des cris affreux, de rage d'être
contrarié.

Un jour quelqu'un ayant parlé de
l'*Inde* devant lui, l'enfant voulut avoir l'é-
léphant blanc de l'empereur du Mogol,
et l'empereur lui-même, parce qu'il étoit
habillé richement. Bientôt il auroit de-
mandé les étoiles, puis la lune, et peut-
être le soleil.

En grandissant, Edouard devint colère
à l'excès. Quand il n'obtenoit pas ce qu'il
désiroit, il brisoit ses joujoux, frappoit
du pied, battoit sa bonne, grinçoit des
dents, sa figure étoit toute décomposée :
il eut plusieurs fois des convulsions qui
firent craindre pour sa vie.

Une fois, il se mit en fureur, parce
qu'on ne vouloit pas lui aller chercher à

2.

la Chine un magot comme celui qui or-
noit la cheminée du salon. Sa maman,
témoin de cette fantaisie, ne put s'em-
pêcher de rire; s'approchant de son fils,
elle lui présenta une glace, où il vit son
horrible figure : Otez ce monstre, s'écria-
t-il, il me fait peur!... Ce monstre, c'étoit
lui-même; une minute de réflexion le lui
prouva. Edouard, quoiqu'enfant, ne manquoit pas d'amour-propre; il eut honte
de se défigurer ainsi. Sa maman l'assura
que, par l'habitude de la colère, ses yeux
resteroient gros, rouges et ardents comme
il les avoit vus, et son teint enflammé ;
que ses traits prendroient un caractère
commun, dur, rustique; que les rides de
son front le feroient ressembler à un
vieillard, et qu'à l'âge où la jeunesse a
tant de charmes, il seroit d'une laideur
repoussante. Edouard étoit un très-joli
garçon : il ne voulut pas être un *monstre*
comme celui du miroir; et c'est pourquoi
il évita de se mettre si souvent en colère.
Cet effort sur lui-même lui apprit qu'avec

un peu d'attention , il vaincroit ce défaut
qui faisoit disparoître toutes ses bonnes
qualités : Edouard eut le courage de tra-
vailler à le détruire, et il y réussit. Cet
enfant trouva la récompense de ses peines
dans la tendresse de ses parents, et dans
l'affection de tous ceux qui le haïssoient
auparavant.

LA DÉSOBÉISSANTE.

Madame Dalbany disoit toujours à Rosa
sa petite fille , âgée de quatre ans, qu'il
ne falloit pas jouer avec le feu ; qu'une
étincelle suffisoit pour embraser une maison , une ville.... Ce sage raisonnement
ne servoit de rien. Persuadée qu'elle ne
faisoit point de mal, Rosa trouvoit sa maman injuste de la gronder de si peu de
chose. C'est ainsi que pensent les enfants
désobéissants, tandis que les papas et les
mamans, toujours attentifs, veillent sans
cesse sur ces objets de leur amour, pour

éviter qu'il leur arrive quelque accident.

Rosa, la désobéissante, continua comme elle faisoit, de prendre de petits morceaux de bois, et de les allumer par le bout ; elle eut soin seulement de jouer ainsi, quand sa maman ne la voyait pas.

Un jour, madame Dalbany eut affaire à sortir : c'étoit l'hiver. Elle pensa bien à éteindre le feu ; mais sa tendresse l'en empêcha, elle avoit déjà assez de chagrin de laisser sa petite fille : la laisser sans feu, oh ! cela n'étoit pas possible !....

Rosa, lui dit-elle, promets-moi de ne pas toucher au feu pendant mon absence ; je t'apporterai un gros gâteau et une belle poupée. Rosa le lui promit. Sa mère l'embrassa, prit son schall, et courut où ses affaires l'appeloient, en se promettant bien d'être bientôt de retour.

Rosa ne fut pas plus tôt seule, qu'oubliant la défense de sa maman, elle s'accroupit devant la cheminée, tira des charbons à elle, en prit avec des ciseaux, et joua tant avec, qu'elle en fit rouler sous ses jupons. La petite étoit si occupée d'un petit bâton qui brûloit comme un flambeau, qu'elle ne s'aperçut pas que le feu prenoit à sa robe. La flamme commençoit même à s'élever, quand madame Dalbany, revenue en hâte, ouvrit la porte. Le courant d'air animant le feu, éleva la flamme au-dessus de la tête de l'enfant. La malheureuse mère effrayée, jeta un cri; elle se précipita sur sa fille, l'enveloppa dans sa robe, et lui couvrit le mieux qu'elle put la figure et les mains; mais elle eut beau faire, Rosa porta toute sa vie les marques de sa désobéissance, pour appendre aux enfants à écouter ce que leur disent ceux qui ont de l'expérience, et qui ne leur parlent que pour leur bien.

L'ÉLÈVE INDOCILE.

Oh ! mon papa, dit Jules en revenant
de l'école, j'ai vu aujourd'hui une chose
terrible.... Un de mes camarades, qu'on
appelle François, a subi un châtiment
qui fait frémir : imaginez-vous, papa,
que le maître a fait venir un de ces vilains
hommes tout déguenillés, qui ramassent
des chiens morts dans les rues, des tes-
sons et autres malpropretés. Celui-là,
d'une figure horrible, et sale à faire mal
au cœur, a reçu l'ordre de lier François
avec une grosse corde par le milieu du
corps, et de le faire marcher devant lui
à grands coups de fouet, comme un cheval rétif. Le pauvre François poussoit des
cris affreux : cependant personne n'osoit
prier pour lui, parce que le maître étoit
en colère.... Il y a plus de six mois qu'il
lui promet cette punition, et François

s'est toujours conduit aussi mal. Oh!
mon Dieu, mon Dieu! quel châtiment!...
François en aura des marques plus d'un
jour!... Ah! le pauvre François!....

Mais, dit le père de Jules à son fils, je re-
marque que tu plains François de ses
souffrances, sans accuser son maître de
cruautés; tu trouves donc que c'est juste-
ment que ton camarade a été puni?
Conte-moi un peu ce qu'il a fait pour
s'être attiré cette rude correction.

Mon papa, répondit Jules, François est
insolent avec le maître, et méchant avec
tout le monde. Quand il est en classe,
non-seulement il ne veut rien faire, mais
encore il empêche tous les autres de tra-
vailler, en leur faisant cent malices: il
arrache le livre de l'un, en pince un autre,
fait un pâté sur une belle page d'écriture,
barbouille un thême, et dit tout haut au
maître, des choses qui peuvent nous faire
gronder; en sortant de l'école, François
jette des pierres aux chiens, chasse les
poules, et bat les petits garçons de ma-

nière à leur faire bien du mal. Ce n'est
pas tout : comme il ne veut rien apprendre, le maître le met souvent en pénitence ; mais François s'en moque ; il
saute derrière lui avec son livre au cou,
ou un écriteau sur la tête, et lui fait les
cornes; si le maître le gronde, il lui ré-
pond des impertinences. Le maître a
voulu plusieurs fois le rendre à sa famille;
mais le père de François, qui craint de le
garder chez lui, a tant prié le maître
d'avoir patience, qu'il est encore avec
nous. Dernièrement, le méchant a fait
tomber, par malice, un petit de quatre
ans, qui s'est démis le pied. La mère de
l'enfant est venue tout en pleurs, deman-
der la punition du *mauvais sujet,* comme
elle l'appelle, qui étoit la cause de l'accident arrivé à son fils. Le père de François
ayant eu connaissance de cela, a voulu
que le maître lui fît donner la correction chez lui, parce que, a-t-il dit, un
écolier incorrigible doit être traité en
présence de ses camarades, comme les

Le Fier.

Le Gourmand.

Le Hargneux.

chevaux rétifs, afin que son châtiment serve d'exemple aux autres.

Je plains de tout mon cœur ce malheureux père, dit le papa de Jules; car le plus grand chagrin des pères et mères, est d'avoir de méchants enfants.

LE FIER.

Rien n'annonce la sottise, comme la hauteur et le dédain.

Il y avoit dans une ville, un gentilhomme fort riche, bon, humain, et d'un abord si facile, que le moindre paysan lui parloit comme à son égal. Cet homme si populaire avoit un fils qui ne lui ressembloit pas : il étoit fier, hautain, dédaigneux... *Monsieur Victor* ne se laissoit point approcher par les autres enfants; quand on le touchoit, il s'essuyoit la main, il portoit la tête haute, en signe de mépris, et regardoit les gens du commun par-dessus son épaule; il ne parloit que rarement, et ne répondoit à ses inférieurs que *oui*, *non*, tout court : c'étoit assez bon pour eux.

Cependant *monsieur Victor*, qui étoit si fier du carrosse de son papa, de ses domestiques et de ses beaux appartements, ne savoit pas encore lire, parce qu'il n'écoutoit pas ses maîtres. Il lui auroit fallu des *seigneurs* pour attirer son attention. *Monsieur Victor* n'étoit pas fait pour s'assujettir, comme un enfant ordinaire, à prendre, comme il faut, d'ennuyeuses leçons... Si son maître de langue vouloit lui faire étudier une page, il en prenoit une autre, par contrariété; si cet homme patient lui désignoit quelques mots qu'il falloit recommencer, Victor tournoit la tête pour regarder autre chose, et cela avec un certain air de dédain qui faisoit sourire de pitié....

Quand Victor rencontroit des enfants, il les toisoit du haut en bas, pour savoir s'ils étoient bien mis ; il n'ôtoit jamais son chapeau, et ne saluoit personne, si ce n'est les gens à équipage. Des manières si impolies le faisoient haïr de tout le monde.

Son papa l'ayant repris mille fois de sa hauteur, sans pouvoir le corriger, imagina pour le punir, de faire faire son portrait en *caricature*, de sorte qu'il apprêtât à rire à tous ceux qui le verroient. Victor, richement vêtu, avoit de longues oreilles d'âne et la queue d'un paon ; il étoit monté sur des échasses. Ce bizarre tableau, placé dans le salon, fit la nouvelle du jour : chacun voulut le voir. Victor, qui travailloit dans le cabinet voisin, put entendre à son aise ce qu'on disoit de lui.

D'abord, son amour-propre offensé le porta à des mouvements de rage ; mais, comme il ne manquoit pas d'esprit, il fit réflexion que sa colère ne changeoit rien à la *caricature*. Ayant fait un retour sur lui-même, il prit le sage parti de se corriger, et il fit bien. Avec le temps il devint si affable, que le tableau fut ôté. On mit à la place le plus joli petit garçon qui fût au monde, l'air riant et plein d'amabilité : c'étoit Victor devenu tout semblable à son papa...

Il y a beaucoup de ressource dans les enfants ; mais il faut s'y prendre de bonne heure pour les redresser.

LE GOURMAND.

Moquez-vous de ce petit garçon ; c'est un *gourmand* ! Oh ! que cela est vilain d'être *gourmand* !... Voyez comme il a une grande bouche, à force davoir mis dedans de grosses bouchées ; il l'aura bientôt fendue jusqu'aux oreilles !.... Et son ventre donc ! ah, quel ventre !... Voilà comme on est fait, quand on passe sa vie à manger : les boyaux s'élargissent ainsi que l'estomac ; il faut le double de nourriture, et l'on devient hideux à force d'être gros et gras.

Ce n'est pas tout ; les enfans gourmands meurent très-jeunes, parce que la gourmandise cause beaucoup de maladies, en rendant âcres le sang et les humeurs ; et, si les enfants gourmands ne meurent pas tous, ceux qui restent sont laids ou estropiés.... Imaginez la jolie chose qu'un enfant tout biscornu, gourmand comme

un dindon, et bête comme une oie ; car
la gourmandise rabêtit l'enfant qui auroit les plus heureuses dispositions.

Boniface, dont nous parlons, avoit l'air
si stupide, que ses camarades lui rioient
au nez à chaque instant, mais cela lui
étoit égal ; Boniface n'avoit point d'amour-
propre : pour un gâteau il eut souffert
tout au monde sans se fâcher ; il étoit
même d'assez bonne humeur, excepté au
sortir de la table ; car alors il pleuroit
toujours, parce qu'il ne pouvoit plus manger. Au lieu de joujoux, Boniface avoit
dans sa petite cassette, des croûtes de
pain, de la viande, en un mot ce qu'il
pouvoit attraper dans la cuisine, où il
étoit plus redouté que *Minet,* le chat de
la maison. Il avoit aussi ses poches toujours pleines : elles étoient si grasses, que,
malgré les précautions de sa maman, ses
habits faisoient mal au cœur.

Un jour, se trouvant par hasard seul
dans la cuisine, Boniface s'approcha du
buffet, monta sur une chaise, et se mit

à manger ce qu'il vit dans les plats ; son avidité étoit si grande, qu'on auroit cru qu'il mouroit de faim... Il fourroit avec ses deux mains, de gros morceaux de viande dans sa bouche, et regardoit vers la porte d'un air inquiet, dans la crainte d'être surpris, ou qu'on le privât trop tôt de cette bonne aubaine ; car Boniface avoit trouvé des mets friands dont il ne mangeoit pas tous les jours.

Notre gourmand étouffoit donc, pour manger plus vite, quand, à son grand chagrin, la porte s'ouvrit. Il vit paroître sa maman, qui, le sachant dans la cuisine malgré sa défense, venoit armée d'une grosse poignée de verges. Elle prit mon petit bonhomme sous son bras, et le fouetta d'importance.... Ce châtiment honteux l'a-t-il corrigé ? oh ! non.

LE HARGNEUX.

Il y avoit une fois un homme et une femme qui avoient bien de la peine à gagner leur vie pour eux et quatre petits enfants qu'ils aimoient de tout leur cœur. L'homme se mit à faire des commisions, et la femme à vendre des pommes à deux pour un liard. De bonnes voisines se chargèrent de garder trois de ses petits, elle emmena l'aîné à la place où elle étaloit sa marchandise.

Cet aîné, qu'on appeloit *Nicolas*, volontaire, hargneux et querelleur, couroit sans cesse de côté et d'autre; il ne craignoit pas du tout sa mère, qui s'égosilloit à l'appeler pour le retenir auprès d'elle.

A six ans Nicolas étoit le roi des polissons; mais, semblable à un fagot d'épines, ses camarades ne savoient comment l'approcher : toujours de mauvaise humeur, n'étant jamais de l'avis des autres

falsoit mille méchancetés, et ne sachant
rien souffrir ; c'étoit bien le plus maus-
sade petit garçon que la terre eût jamais
porté.

Un jour quelqu'un emmena la mar-
chande à deux pas. Une troupe d'enfans
sortoit de l'école ; ils virent Nicolas seul,
et comme ils lui en vouloient, ils se firent
un malin plaisir de l'asticoter : l'un le tira
par la manche, l'autre lui ôta son bonnet
par derrière ; un troisième, tenant une
petite seringue, lui en arrosa la figure.
Nicolas, comme un furieux, et semblable
à une girouette, se tournoit en tous sens,
frappant celui-ci, crachant au nez de
celui-là, et jetant les hauts cris....... Las
enfin d'être ainsi le jouet de cette folle
jeunesse, mon Nicolas rajusta son bonnet,
et, prenant les pommes de sa mère, il les
jeta à droite et à gauche à la tête de cette
petite canaille, qui, en étouffant de rire,
courut bien vite les ramasser, et le laissa.

Sa maman étant de retour, ne trouva
plus une seule pomme.... La pauvre

femme pleura beaucoup : elle espéroit
donner du pain à ses petits enfans, avec
l'argent de son fruit. Nicolas le hargneux
en fut quitte pour ne pas souper ce jour-
là, et son papa le gronda bien fort.

L'INTÉRESSÉ.

DEUX frères, Félix et Théodore, furent
mis ensemble en pension ; à peu près du
même âge, ils ne se ressembloient en
rien. Félix, docile, noble, généreux,
remplissoit ses devoirs avec exactitude,
mettoit son bonheur à se faire aimer, et
partageoit avec ses camarades tous les
petits cadeaux qui lui venoient de sa famille. Théodore, au contraire, paresseux,
sournois, insensible, défiant, interressé,
n'étoit aimé de personne. Loin d'être généreux, il accumuloit son argent, serroit
ses joujoux, et, pour tout au monde, il
n'auroit pas souffert qu'un autre que lui

L' Intéressé.

Le Lourdaud.

Le Malpropre.

y touchât. Lorsque Théodore prenoit sa
récréation, il sortoit de sa cassette un
joujou quelconque sans en quitter le cou-
vercle, tout prêt à la fermer, si quelque
indiscret osoit s'approcher de lui.

Un jour cependant que Théodore, auprès de sa chère_cassette, faisoit grand
bruit avec son tambour, deux de ses camarades se glissèrent tout doucement
derrière lui, et lui volèrent, l'un un cheval, et l'autre une épée..... Quelle perte
pour un avare !.... Théodore s'en étant
aperçu, devint rouge comme du feu, et
fit un tapage terrible ;.... mais on se mo-
qua de lui...

Au bout de trois mois, le papa de ces
deux enfans vint les voir. Dans un entre-
tien familier qu'il eut avec eux, il s'in-
forma de leurs petites bourses. Félix lui
avoua, en rougissant, qu'il ne lui restoit
plus rien..... Il donna son mémoire. Son
père vit avec satisfaction le noble emploi
que cet enfant avoit fait de ses menus plai-
sirs ; il lut : tant pour la récompense d'un

service ; tant pour des souliers et des bas
donnés à des pauvres enfants ; tant à un
vieillard infirme, etc... le reste pour des
livres... Le père, renfermant sa joie en
lui-même, jeta sur Félix un tendre regard;
puis, se tournant vers son frère, il lui demanda s'il falloit aussi renouveler ses
fonds. Théodore lui présenta sa bourse;
il crut être loué de son économie, et
montra qu'il n'avoit pas encore dépensé
un seul écu; mais son papa le regardant
d'un air sévère, lui demanda à quel
dessein il lui avoit donné cet argent ;
et sur-le-champ il le distribua aux domestiques, en leur disant que Théodore leur
faisoit ce cadeau, pour reconnoître les at-
tentions qu'ils avoient eues pour lui. Cette
fois Théodore n'eut point de menus plai-
sirs, pour le punir de son avarice. Son
papa lui fit sentir qu'un homme ne doit
s'estimer heureux qu'en raison du bien
qu'il fait, et que, être au-dessus des
autres par ses richesses, c'est s'imposer
l'obligation de récompenser généreuse-

ment les services que l'on reçoit, et de
soulager les malheureux dans leurs be-
soins.

LE LOURDAUD.

M. et madame de Franfief voyant que
leur petit Clément devenoit maigre et
fluet, prirent le parti de l'envoyer à la
campagne jusqu'à l'âge de 7 ans. Là, en
plein air, courant dans les champs du
matin au soir, mangeant du gros pain,
du laitage, des fruits tant qu'il en vouloit,
n'étant jamais grondé, et, ce qui a bien
son mérite, n'apprenant rien du tout,
Clément devint rond comme une boule :
à 7 ans, on ne lui voyoit pas les yeux,
tant il étoit gras !

M. de Franfief l'ayant fait revenir, l'ha-
billa d'une manière conforme à sa nais-
sance. Clément le lourdaud, fort hâlé,
court et épais, vêtu comme un seigneur,
faisoit une drôle de petite caricature.

Ce pauvre emfant, totalement étranger chez son père, faisoit mille gaucheries par jour. Une fois entr'autres, en entrant dans le salon, il accrocha avec son habit, la table du déjeûner, et jeta toutes les porcelaines en mille morceaux, sur le parquet; le chat se trouvaut sur son passage, il lui marcha sur la queue, et le fit jurer d'une étrange manière : ce qui l'effraya si fort, qu'il alla tomber comme une masse sur un domestique qui accouroit au bruit. Oh ! qu'un lourdaud est un être incommode !...

L'ENFANT MALPROPRE.

Il y avoit dans la maison de M. de Franfief, une petite fille si sale, si sale, qu'on la montroit aux autres enfants, pour leur faire horreur de la malpropreté. *Annette* barbottoit continuellement dans le ruisseau ; sa figure et ses mains faisoient mal au cœur ; sa robe étoit pleine de taches ; elle ne savoit pas se moucher.

Cependant Annette pouvoit passer pour une très-jolie petite fille ; mais personne n'osoit la regarder, tant elle inspiroit de dégoût !..... C'est l'effet que produit un enfant malpropre.

Annette aimoit à jouer avec des hannetons ; elle touchoit ensuite à sa figure, qui devint affreuse avec le temps, et couverte de gale....

Annette, sale et dégoûtante, passa sa vie dans la misère, parce qu'elle ne voulut point se corriger.

LE NÉGLIGENT.

THOMAS n'avoit pas son pareil pour la négligence : ses livres traînoient dans tous les coins ; son papier d'écriture étoit sale et déchiré, sa chambre en désordre, et toute sa personne dans un état de délabrement qui faisoit pitié. Thomas aimoit mieux courir dans les rues avec d'autres polissons, que de soigner sa toilette et ranger ses affaires.

Un jour, son père lui ordonna de garder le logis, Thomas, appelé par un de ses camarades, laissa la porte de sa maison ouverte, et alla jouer sur la place. Pendant ce temps, des voleurs emportèrent tout ce qu'ils purent, et son pauvre père fut ruiné.

Un *négligent* fait son malheur et celui des autres.

Le Négligent.

L'Opiniatre.

Le Paresseux.

L'OPINIATRE.

Sylvestre, d'un esprit entier, ne cédoit à personne. Ce petit volontaire reçut enfin le châtiment de son opiniâtreté.

Des ouvriers démolissoient une maison. Sylvestre, malgré les défenses expresses qu'on lui avoit faites, alla jouer sur les décombres. Sa mère accourut, elle voulut l'entraîner, de crainte qu'il ne lui arrivât quelque accident; mais Sylvestre lui résista. Elle le tira par le bras, l'enfant se roidit encore plus fort. Ayant embrassé un morceau de bois à moitié pourri, il le fit tomber, et en même temps un gros moëllon, qui lui cassa la jambe... L'infortunée mère emporta son fils dans ses bras, en pleurant...

Pourquoi résister à la raison et à la tendresse ? Hélas ! malheureux enfants, vous n'aurez pas toujours une mère pour veiller sur vous...

3.

LE PARESSEUX.

Un certain jeudi, un maître de pension conduisit ses élèves dans la campagne, pour qu'ils pussent se divertir tout à leur aise.

Il y avoit en ce lieu un rocher de forme bizarre, assez haut pour faire naître aux enfans l'envie d'y monter. Le maître de pension voulant exercer cette belle jeunesse, fit poser sur le roc une petite colonne, à laquelle on attacha différentes bagatelles analogues à l'âge des élèves, un cerf-volant, des raquettes, des balles, et autres choses semblables. Il étoit dit que tous, partant ensemble et à distance égale, graviroient ce rocher *en trois minutes*, et que le premier arrivé en haut choisiroit ce qu'il aimeroit le mieux; ainsi des autres après lui...

Ce divertissement, tout-à-fait nouveau pour la troupe folâtre, la rendit d'une gaieté charmante : ces enfants pétilloient d'essayer leur force et leur adresse.

Un seul, nommé *Edmond*, sorti depuis peu d'avec ses parents qui l'avoient beaucoup trop choyé, et qui, par cette raison, ne vouloit rien faire du tout, que jouer du matin au soir, n'eut pas le courage de monter sur le roc. Edmond, le *paresseux*, craignoit de se blesser en tombant... Cependant il pleuroit, car il eût donné tout au monde pour avoir un des prix qu'il voyoit suspendus à la colonne avec des rubans de toutes couleurs ; mais ce fut bien pis, quand ses camarades descendirent tout joyeux, tenant à leurs mains la récompense de leurs peines...

Edmond, chagrin et confus, passa son jeudi bien tristement... On le surnomma *le paresseux*, et ce nom lui resta. Ses camarades se moquèrent de lui à toute outrance. Le maître les laissa faire, afin de punir et de corriger Edmond de sa paresse.

LE QUERELLEUR

ET LE RUSTIQUE.

Il ne faut, dit-on, *qu'une brebis galeuse
pour gâter tout un troupeau.*

— Ce proverbe, tout trivial qu'il est,
a souvent son application.

Il y avoit dans une école deux petits
drôles qui lassoient la patience de leur
maître; l'un nommé César, étoit *querelleur;* il ne se passoit point de jour qu'au
temps des récréations il n'eût battu un de
ses camarades ; aucun d'eux n'osoit le
regarder en face. César, *ne cherchant que
plaies et bosses,* s'offusquoit de tout.

César apportoit ordinairement sous son
habit une petite épée de fer-blanc qu'on
lui avoit donnée pour étrennes; avec cette
arme, mon petit tapageur s'escrimoit de

Le Querelleur.

Le Rustique.

Le Suffisant.

droite et de gauche, de manière à imposer aux plus hardis.... Il en fit tant, que le maître lui ôta son épée ; mais César prit un bâton, et lui fit faire le moulinet, afin d'écarter ses ennemis prêts à se venger de ce qu'il leur avoit fait souffrir. Pour les provoquer, le méchant petit garçon leur prodigua les noms les plus durs que sa mémoire pût lui fournir.

Au nombre de ses ennemis, on distinguoit Guillot *le rustique*, jeune fermier, qui ne le cédoit en rien à César pour la force et la bravoure; il l'emportoit même sur lui par sa brutalité et sa grossièreté sauvage, qui faisoient fuir d'une lieue les autres enfants. César se fit une gloire de le punir.

Ces deux méchants garçons sembloient s'être partagé la journée : *le querelleur* prenoit le temps du jeu, pour chercher dispute à tout le monde, *le rustique* fatiguoit à tout moment ses maîtres et ses camarades, de ses manières choquantes.

César et Guillot furent cause que les

élèves les plus distingués quittèrent l'école ; les autres se plaignirent hautement : le grossier paysan les rebutoit par une familiarité repoussante, et César le tapageur semoit la discorde parmi eux.

Enfin, ces deux petits vauriens furent renvoyés chez leurs parents, qui, pour s'en débarrasser, les mirent sur un vaisseau, en qualité de *mousses. Chacun recueille ce qu'il a semé.*

LE TRAITRE.

Il faut avoir le cœur bien dur pour faire du mal aux animaux.... Ces pauvres bêtes, tout-à-fait sous la dépendance de l'homme, n'attendent que de lui leur nourriture ; pourquoi les maltraiter ? pourquoi faire du mal à des êtres sans défense, qui souvent baisent la main qui les assassine ?....

Un chien, le plus intéressant, le plus tendre de tous les animaux, fut un jour victime d'un traître qui l'empoisonna, pour affliger le jeune homme à qui cette excellente bête appartenoit.

Constantin venoit de remporter cinq prix. Ce pauvre enfant ne se possédoit pas de joie.... Il fut rencontré par Léonard, qui lui sauta au cou, et lui fit mille caresses. Cher Constantin, méfie-toi de ce traître ; tes succès lui font mal ; il veut t'en punir : repousse-le avec horreur...

Mais tu ne m'écoutes pas ; ton âme ingé-
nue ne peut être accessible au soupçon :
eh bien ! regarde. Au même instant, le
chien chéri du jeune Constantin vint , en
baissant la tête , se coucher à ses pieds,
et y expira avec d'affreuses convulsions...

Léonard jouit de la douleur de son malheureux camarade ; mais bientôt, accusé
par ceux qui l'avoient vu commettre cette
lâche action , il fut obligé de s'enfuir et
de se cacher. Jamais ses amis de collége
n'oublièrent son infâme trahison ; elle
nuisit même beaucoup dans la suite à son
avancement.

Le Timide

Le Vindicatif.

Le Volage.

LA PETITE FILLE TIMIDE.

LA timidité rend craintif, peureux. Un jour *Armeline*, âgée de quatre ans, entra sans lumière dans une grande pièce ornée de glaces, l'une éclairoit la plus grande partie de ce lieu. Armeline aperçut foiblement sa figure dans un miroir ; elle s'en effraya : la petite sotte crut voir un *revenant*...Elle se mit à courir de toutes ses forces vers la porte d'entrée, contre laquelle elle se heurta rudement. Ses cris ayant attiré le chien de la basse-cour qui rôdoit aux environs, Armeline le prit pour un voleur marchant à quatre pates ; elle tomba sur lui d'épouvante, et Rustaud l'emporta tout évanouie chez son maître.

Les enfants peureux courent risque de se faire mourir par de veines frayeurs.

LE SUFFISANT

ET LE VOLAGE.

ARISTOLOCHE et PAPILLON étoient deux frères. L'un content de lui-même, croyoit être *quelque chose*... Aristoloche marchoit sur la petite pointe du pied ; il pinçoit ses lèvres, portoit sa cravatte haute, boutonnoit son habit jusqu'au haut, et mettoit ses mains dans ses poches, en écartant les coudes, sans regarder ni à droite ni à gauche : on eût dit qu'il avoit dans sa petite tête des affaires de grande importance.

Papillon, son frère, ainsi nommé à cause de son caractère turbulent, étoit beaucoup plus simple que lui; mais on ne pouvoit l'appliquer à rien.

Le père de ces deux enfans voulut leur donner une leçon qui restât fortement gravée dans leur mémoire. A la nouvelle année, il choisit un moment où il avoit du monde, pour donner les étrennes à ses fils. Aristoloche et Papillon eureut chacun une boîte, qu'ils se hâtèrent d'ouvrir, croyant y voir des bonbons; mais Aristoloche trouva dans la sienne un *alphabet*, et Papillon, quantité de ces jolis insectes dont il avoit l'inconstance et la vivacité. Un rire général les couvrit de confusion...

C'est ainsi, mes enfans, leur dit le papa, que l'on mortifie la *suffisance* dénuée de talent, et que l'on punit l'inapplication.

LE CURIEUX.

Les curieux entendent toujours des choses désagréables.

UN marchand avoit deux fils : l'un, doux, complaisant, appliqué à ses devoirs; l'autre, gourmand, paresseux, et sur-tout d'une curiosité excessive. On le surprenoit toujours écoutant aux portes, ce qui est affreux!... Si deux personnes le hasard , le guérit pour toujours de l'envie d'écouter aux portes. La crainte d'être embarqué pour les *Indes*, où on lui dit qu'on envoyoit les mauvais sujets, contribua beaucoup à lui faire faire des réflexions. Isidor devint aussi prudent qu'il avoit été indiscret ; il finit par être un enfant très-aimable.

L'ENVIEUX.

Un jeune enfant , nommé *Roméo*, dont le père étoit très-riche, avoit des bonbons et des joujoux en telle quantité, qu'au besoin il en eût pu garnir la boutique d'un marchand. Cependant toutes ces jolies choses n'avoient aucun prix pour lui , dès qu'il les possédoit ; Roméo préféroit à tout cela un vilain tambour, ou un cheval cassé que tenoit un autre enfant : il étoit *envieux*.... Ce défaut horrible fait qu'on désire le bien d'autrui, et que l'on s'attriste du bonheur des autres ; c'est, avec l'orgueil, le vice des démons....... Quand Roméo voyoit un de ses petits amis manger des confitures ou des gâteaux, il étoit toujours prêt à les lui arracher, croyant les trouver bien meilleurs que ceux qu'on lui donnoit. Le père de cet enfant fit tous ses efforts pour le guérir de ce penchant si bas, qui fait les voleurs et produit les plus grands crimes ; mais la tâche étoit bien difficile.

Un jour le papa de Roméo laissa à dessein une boîte sur sa cheminée. Selon sa coutume, Roméo voulut l'avoir ; l'ayant ouverte, il en sortit un *Monstre* dont l'œil étoit ardent, la bouche ouverte, et les mains crochues armées de grands ongles ; on voyoit écrit sur sa poitrine : l'*Envie.* L'enfant comprit l'intention de son père, et rejeta la boîte avec humeur : « Pourquoi cette colère ? lui dit son papa, cette figure en vaut bien une autre ; elle ne devient le hasard , le guérit pour toujours de l'envie d'écouter aux portes. La crainte d'être embarqué pour les *Indes*, où on lui dit qu'on envoyoit les mauvais sujets, contribua beaucoup à lui faire faire des réflexions. Isidor devint aussi prudent qu'il avoit été indiscret ; il finit par être un enfant très-aimable.

L'ENVIEUX.

Un jeune enfant , nommé *Roméo*, dont le père étoit très-riche, avoit des bonbons et des joujoux en telle quantité, qu'au besoin il en eût pu garnir la boutique d'un marchand. Cependant toutes ces jolies choses n'avoient aucun prix pour lui , dès qu'il les possédoit ; Roméo préféroit à tout cela un vilain tambour, ou un cheval cassé que tenoit un autre enfant : il étoit *envieux*..... Ce défaut horrible fait qu'on désire le bien d'autrui, et que l'on s'attriste du bonheur des autres ; c'est, avec l'orgueil, le vice des démons....... Quand Roméo voyoit un de ses petits amis manger des confitures ou des gâteaux, il étoit toujours prêt à les lui arracher, croyant les trouver bien meilleurs que ceux qu'on lui donnoit. Le père de cet enfant fit tous ses efforts pour le guérir de ce penchant si bas, qui fait les voleurs et produit les plus grands crimes ; mais la tâche étoit bien difficile.

Un jour le papa de Roméo laissa à dessein une boîte sur sa cheminée. Selon sa coutume, Roméo voulut l'avoir ; l'ayant ouverte, il en sortit un *Monstre* dont l'œil étoit ardent, la bouche ouverte, et les mains crochues armées de grands ongles ; on voyoit écrit sur sa poitrine : l'*Envie*. L'enfant comprit l'intention de son père, et rejeta la boîte avec humeur : « Pourquoi cette colère ? lui dit son papa, cette figure en vaut bien une autre ; elle ne devient

horrible à tes yeux que par les reproches
que tu te fais à toi-même : corrige-toi,
mon fils, et tu riras tout le premier d'un
petit magot avec lequel tu n'auras aucune
ressemblance. »

INSTRUCTION

POUR LES PETITS ENFANS.

DEMANDE.

Combien y a-t-il de *jours dans l'an-née ?*

RÉPONSE.

365, et tous les quatre ans 366. On appelle cette quatrième année, *bissextile.*

DEMANDE.

Combien y a-t-il de *mois* dans *l'an-née ?*

RÉPONSE.

Douze : *janvier, février, mars, avril, mai, juin, juillet, août, septembre, octobre, novembre, décembre.*

4

DEMANDE.

Combien y a-t-il de *jours* dans un *mois ?*

RÉPONSE.

3o ou 31. Le mois de *février* a 28 *jours,* et tous les quatre ans 29 : ce jour ajouté, forme l'année *bissextile.*

DEMANDE.

Nommez les mois qui ont 3o jours, et ceux qui en ont 31.

RÉPONSE.

Sept mois de l'année ont 31 jours : *janvier, mars, mai, juillet, août, octobre, décembre.* Quatre mois de l'année ont 3o jours : *avril, juin, septembre, novembre. Février* a 28 jours dans les années communes, et 29 dans les années bissextiles.

DEMANDE.

Combien y a-t-il de *semaines* dans l'année ?

RÉPONSE.

Il y a dans l'*année* 52 *semaines*, compo-
sées chacune de 7 jours : *dimanche, lundi,
mardi, mercredi, jeudi, vendredi, sa-
medi.*

DEMANDE.

A quelle époque commence l'*année ?*

RÉPONSE.

Le premier janvier, jour de *la Circon-
cision.*

DEMANDE.

Quand finit-elle ?

RÉPONSE.

Le 31 *décembre.*

DEMANDE.

Dans quel mois commence le *printemps,* temps où les feuilles couvrent les
arbres de la plus belle verdure ?

RÉPONSE.

Le printemps commence dans le mois
de *mars.*

DEMANDE.

Dans quel mois commence *l'été,* saison où l'on éprouve les plus grandes chaleurs ?

RÉPONSE.

L'été commence dans le mois de *juin.*

DEMANDE.

Dans quel mois commence *l'automne,* saison où l'on cueille les fruits, où l'on vendange ?

RÉPONSE.

L'automne commence dans le mois de *septembre.*

DEMANDE.

Dans quel mois commence *l'hiver,* où la terre est couverte de neige et de glace ?

RÉPONSE.

L'hiver commence dans le mois de *décembre,* le dernier de l'année.

DEMANDE.

Combien de mois a chaque saison ?

RÉPONSE.

Trois mois. Les quatre saisons forment les douze mois de l'année.

DEMANDE.

Vous avez dit que la semaine a 7 jours ; combien y a-t-il d'*heures* dans *un jour* ou *une journée ?*

RÉPONSE.

Il y a 24 *heures* dans un jour.

DEMANDE.

Comment divisez-vous la *journée ?*

RÉPONSE.

Le jour se divise en quatre parties : *le matin, le midi, le soir* et *le minuit.* On compte deux fois 12 heures dans *une journée* : 12 depuis *midi* jusqu'à *minuit,* et 12 depuis *minuit* jusqu'à *midi.*

DEMANDE.

Combien *une heure* a-t-elle de *minutes ?*

4.

RÉPONSE.

Une heure a 60 *minutes.*

DEMANDE.

Combien la *minute* a-t-elle de *secon-*
des ?

RÉPONSE.

La minute a 60 *secondes.*

Disons à présent un mot sur la *Géo-*
graphie, qui est la *description de la terre.*

DEMANDE.

Cette terre que nous habitons, est ronde
comme une boule ; nous marchons dessus
comme une mouche sur une pomme.
De quoi est-elle composée ?

RÉPONSE.

La terre, qu'on appelle le *monde,* est
composée de *terre* et d'*eau.*

DEMANDE.

Il y a donc sur *la terre,* des *mers,*

c'est-à-dire, des endroits remplis d'eau,
auprès desquels la rivière que vous con-
noissez est aussi peu de chose qu'un verre
d'eau répandu dans la chambre; puis des
terres qui contiennent de grands pays
comme *la France.* Indépendamment de
ce partage en *terre* et en *eau*, on divise
encore *le monde* en quatre parties : pour-
riez-vous les nommer?

RÉPONSE.

Ces quatre parties sont *l'Europe, l'A-
sie, l'Afrique* et *l'Amérique.*

DEMANDE.

Chacune de ces parties du monde est
habitée par des hommes de différentes
couleurs. Ceux qui sont en *Europe* sont
blancs. En *Asie* et en *Amérique*, il y en a
de *blancs* et de *basanés.* En *Afrique*, les
hommes sont *basanés* ou tout-à-fait noirs,
parce qu'ils sont exposés aux ardeurs du
soleil. Savez-vous comment on nomme

la partie du monde que nous habitons ?

RÉPONSE.

On la nomme *Europe*.

DEMANDE.

Qu'y a-t-il en *Europe* ?

RÉPONSE.

Des *empires* et des *royaumes*.

DEMANDE.

Qu'est-ce qu'un *empire* ?

RÉPONSE.

Un *empire* est une grande étendue de
pays qui renferme quantité de villes, et
plusieurs peuples gouvernés par un *em-*
pereur, comme l'*empire russe*.

DEMANDE.

Qu'est-ce qu'un *royaume* ?

RÉPONSE.

Un *royaume* est une étendue de pays

moins considérable qu'un *empire*, composé d'un seul peuple gouverné par un *roi*, comme le royaume de *France*.

DEMANDE.

L'empire russe est donc formé de plusieurs peuples autres que les **Russes ?** Nommez-en un ou deux.

RÉPONSE.

Il y a en *Russie*, outre les *Russes*, des *Polonais* et des *Grecs*.

DEMANDE.

Qu'est-ce que la *capitale* d'un royaume ou d'un empire?

RÉPONSE.

C'en est la principale ville. Le souverain y fait ordinairement sa résidence.

DEMANDE.

Quelle est la *capitale* du *royaume de France* ?

RÉPONSE.

C'est *Paris*.

DEMANDE.

Le *France* n'a-t-elle pas un grand nombre d'autres villes ?

RÉPONSE.

La *France* a encore *Lyon*, *Bordeaux*, *Rouen*, *Rennes*, *Tours*, et beaucoup d'autres.

	Chiffres Arabes.	Chiffres Romains.
Un	1	I.
Deux.	2	II.
Trois.	3	III.
Quatre.	4	IV.
Cinq.	5	V.
Six.	6	VI.
Sept.	7	VII.
Huit.	8	VIII.
Neuf.	9	IX.
Dix.	10	X.
Onze.	11	XI.
Douze.	12	XII.
Treize.	13	XIII.
Quatorze.	14	XIV.
Quinze.	15	XV.
Seize.	16	XVI.
Dix-sept.	17	XVII.
Dix-huit.	18	XVIII.
Dix-neuf.	19	XIX.
Vingt.	20	XX.
Trente.	30	XXX.
Quarante.	40	XXXX ou XL.
Cinquante.	50	L.
Soixante.	60	LX.

	Chiffres Arabes.	Chiffres Romains.
Soixante-dix.	70	LXX.
Quatre-vingts.	80	LXXX.
Quatre-vingt-dix.	90	XC.
Cent.	100	C.
Deux cents.	200	CC.
Trois cents.	300	CCC.
Quatre cents.	400	CD.
Cinq cents.	500	D.
Six cents.	600	DC.
Sept cents.	700	DCC.
Huit cents.	800	DCCC.
Neuf cents.	900	DCCCC ou CM.
Mille.	1000	M.

FIN.

EPERNAY, IMPRIMERIE DE WARIN-THIERRY.

www.ingramcontent.com/pod-product-compliance
Lightning Source LLC
Chambersburg PA
CBHW052058270326
41931CB00012B/2802